세상에는 알쏭달쏭한 게 참 많아.
내 생각이 맞는지 헷갈릴 때도 있고
다른 사람들은 어떤 생각을 하는지 궁금하기도 해.
답을 몰라서 쩔쩔맬 때도 있지.

사람들은 그럴 때 책을 봐.
세상에 있는 책을 다 모으면 커다란 숲이 될 거야.
아주아주 커다란 책 숲.
책을 찾다가 길을 잃으면 어떡하냐고?
걱정하지 마. 너에겐 도서관이 있잖아.

우리 마을 도서관에 와 볼래?

일과 사람
21 도서관 사서

유은실 쓰고 신민재 그림

사계절

창밖으로 나무가 보이고 햇살이 환하게 스며드는 곳.
수만 권의 책이 있고 수많은 정보와 연결되는 곳.
여기는 시냇가 마을의 중심, 시냇가도서관이야.
내 소중한 일터지.
나는 사서, 다룰 사(司) 책 서(書).
말 그대로 책을 다루는 사람이야.

오늘도 아침 체조로 하루를 시작해.
손목을 빙글빙글, 허리를 쭈욱 쭉!
이 체조는 내가 처음 일한 도서관에서 선배한테 배운 거야.
사서가 되고 나니 생각보다 몸을 쓸 일이 많았어.
책을 꽂으려면 손목이, 책을 나르려면 허리가 튼튼해야 하거든.
요즘은 최태일 사서가 나를 따라 아침마다 체조를 해.
최 선생은 아침에 체조하고 나면 하루가 상쾌하대.

최 선생은 늘 새로운 생각이 머릿속에 가득해.

전자 기기도 아주 잘 다뤄.

정리하는 건 서툴지만 남을 돕는 건 으뜸이야.

하지만 마음이 약해서 쉽게 상처받기도 하지.

> 최 선생, 팔을 더 쭉 뻗어 봐요. 이렇게!

> 으다다다~ 관장님은 오늘도 힘이 넘치시네요.

나는 사서가 된 지 올해로 30년이 됐어. 서울에 있는 도서관에서 오랫동안 일하다 3년 전에 시냇가도서관 관장으로 왔어. 시냇가 마을은 내 고향이거든.

최태일 선생은 책 읽는 게 좋아서 사서가 되었는데, 사서가 된 뒤에는 바빠서 책 제목만 읽게 된대. 사서가 된 지 3년 된 새내기 사서야.

체조가 끝나면 도서 반납함을 열어.
반납함을 정리할 때는 사람들이 어떤 책을 많이 읽는지 살펴봐.
마을 공터에 주말농장이 생긴 다음부터
농사짓는 법에 대한 책을 찾는 사람이 많아.
다음번 새 책 살 때 참고해야지.
나는 수서 수첩을 열고 '농사법, 텃밭 가꾸기'라고 적어.
'수서'가 뭐냐고? 도서관에 어떤 책을 둘지 결정하고
책을 새로 들이는 일을 수서라고 해.
수서 수첩은 어디를 가나 꼭 가지고 다녀.
수서랑 관련된 생각이 떠오르거나
좋은 정보가 눈에 띄면 그때그때 적어 둬.

가끔 반납함에 쓰레기를 넣는 사람이 있어. 귀한 책이 지저분해지면 정말 속상해.

도서 반납함
도서관 문 앞에는 도서 반납함이 있어. 책을 돌려주러 왔는데 도서관 문이 닫혀 있으면 이 반납함에 넣으면 돼.

오늘 첫 번째 이용자는 우리 도서관에
처음 온 아주머니야.
도서관에서 책을 빌리려면 회원증을 만들어야 해.
시냇가 마을에 살거나 마을에서 일하거나
마을에 있는 학교에 다니면 누구나 회원이 될 수 있어.
신분증을 확인한 다음 가입 신청서를 받고
회원증에 들어갈 사진을 찍어.
"자, 이제 회원이 되셨습니다. 5권까지
2주 동안 대출하실 수 있어요."

어린이 회원
아직 신분증이 없는 어린이도 도서관
회원이 될 수 있어. 보호자 신분증과 가족
관계를 확인할 수 있는 서류를 가지고
보호자와 함께 오면 돼.

도서관에 처음 온 사람들은
책이 어디에 꽂혀 있는지 잘 모르는 때가 많아.
오늘 회원이 된 아주머니는 『마음의 힘』이라는 책을 찾고 싶대.
제목이나 글쓴이 이름을 알면 쉽게 책을 찾을 수 있어.
검색 프로그램에 책 제목을 입력해 볼까?

청구기호
검색 프로그램에 책 제목을 입력하면 청구기호가
나와. 청구기호는 책 주소야. 미로 같은 책 골목에서
내가 찾는 책이 어디에 있는지 알려 주는 주소!
맨 앞 숫자는 책이 있는 골목 이름이야. 골목마다
비슷한 주제를 가진 책들이 모여 있어.

도서관 한 바퀴

꼭 찾는 책이 없어도 도서관을 둘러보는 건 재미있어.
생각지도 못했던 멋진 책을 만나게 되기도 하거든.

전시 서가
사서가 소개하고 싶은 책들을 전시해. 전시 서가에 있는 책은 바로 빌려 볼 수 있어.

참고 도서
사전이나 도감은 따로 모아 둬. 참고 도서는 도서관 안에서만 볼 수 있어.

도서 검색대
제목이나 글쓴이 이름, 키워드로 책을 찾을 수 있어.

대출대
책을 빌리거나 반납하는 곳이야. 찾는 책이 있거나 궁금한 것이 있으면 여기에서 물어봐.

자동대출반납기
회원증을 대고 비밀번호를 누르면 책을 빌릴 수 있고, 반납도 할 수 있어.

유아실
어린아이들이 그림책을 보는 방이야. 엄마 아빠가 같이 들어가서 책을 읽어 주기도 해.

정기간행물 서가
여러 가지 잡지를 모아 둔 서가야. 다음 달 잡지가 새로 나오면 바꿔서 꽂아.

청구기호 더 알아보기

도서관에서는 청구기호 순서대로 책을 정리해. 청구기호는 책등에 붙어 있어. 글자와 숫자들이 섞여 있어서 꼭 암호 같아. 하지만 기호에 담긴 뜻을 알고 나면 달라 보일 거야. 아래는 『우리 마을 도서관에 와 볼래?』의 청구기호야.

별치기호
책이 어디에 있는지 표시한 거야. '아동'은 어린이실에 따로 두었다는 뜻이야. 만약 '참고'라고 적혀 있으면 참고 도서 서가에서 책을 찾으면 돼.

분류기호
이 책이 어떤 내용을 담고 있는지 숫자로 표시해. 한국 십진분류법에 따르면 321.55는 직업에 관한 책을 뜻해.

저자기호
글쓴이 이름을 기호로 바꾼 거야. '유은실'이라는 이름은 ㅇ591이고, 맨 뒤에 붙은 ㅇ은 책 제목의 첫 글자에서 따왔어. 저자기호를 만드는 규칙은 도서관마다 다를 수 있어.

한국 십진분류표

책을 분류하기 쉽게 열 가지 분야로 나눴어. 백 단위로 시작해서 십 단위, 일 단위, 소수점 단위까지 아주 자세하게 책을 분류할 수 있어.

000 총류 — 백과사전, 상식, 도서관에 관한 책
100 철학 — 지혜, 윤리, 철학 이야기
200 종교 — 여러 가지 종교, 신화
300 사회과학 — 교육, 예절, 법, 민속, 정치
400 순수과학 — 자연, 수학, 별자리, 동물, 식물
500 기술과학 — 의학, 건축, 기계, 환경, 농업, 생활
600 예술 — 음악, 미술, 연극, 사진, 운동
700 언어 — 세계 여러 나라의 말과 글
800 문학 — 동화, 시, 수필, 소설, 일기
900 역사 — 지리, 역사, 여행, 인물 이야기

와, 미소랑 미루가 왔어. 미소랑 미루는 한 살 터울 남매야.
어린이집에 다닐 때부터 우리 도서관에 왔는데,
벌써 미소는 초등학교 2학년이야.
미소는 동화책을 좋아하고 예의가 발라.
장난꾸러기 동생 미루는 공룡 책을 좋아하지.

도서관은 여러 사람이 함께 쓰는 곳이야.
책장을 구기거나 찢어서는 안 돼.
말할 때는 조용조용.
뛰거나 발을 쿵쿵 구르지 않게 조심조심.
방귀도 되도록 참아야 하고,
웃음이 터지려고 하면 얼른 입을 막고
밖으로 나와야 해.
하지만 감동적인 책을 읽다 눈물이
나는 건 어쩔 수 없겠지?

나는 되도록 서가에서 시간을 많이 보내려고 해.
그래야 사람들이 어떤 책을 찾는지 알 수 있거든.
"관장님, 오래 기다리셨지요?" 앗, 지난주에 주문한 책이 왔어.
나는 아직도 새 책이 들어오면 가슴이 설레.

청구기호 스티커가
떨어지지 않도록
투명한 보호 필름을 덧붙여.

표지가 얇은 책은 미리
비닐로 싸 둬.
이렇게 하면 책을 오랫동안
깨끗하게 볼 수 있어.

책이 들어오면 무슨 내용을 담고 있는지, 누가 읽으면 좋을지부터 살펴.
정확하게 분류하고 등록해야 사람들이 쉽게 책을 찾을 수 있어.
그다음은 손이 바빠질 차례야.
우리 도서관 책이라는 도장을 쿵쿵 찍고,
청구기호를 인쇄한 스티커를 붙여야 하거든.
책이 많은 날은 자원봉사자 분들한테 도움을 받기도 해.

등록을 마치고 스티커까지 반듯하게 붙이고 나면
똑같은 책인데도 다르게 보여.
이제부터는 시냇가도서관의 소중한 자료가 되는 거야.
자, 그럼 책을 제자리에 꽂아 볼까?
사람들에게 빨리 소개하고 싶은 책은 잘 보이는 곳에 따로 모아 둬.
도서관에 필요한 책을 주문하고, 책을 정리하고,
사람들에게 소개하는 것 모두 사서가 하는 일이야.

이달부터는 최 선생이 전시 서가를 꾸려 보는 게 어때요?

여긴 도서관에서 내가 가장 좋아하는 공간이야.
'사서의 골방'이라고 이름 붙였어.
책 주문처럼 집중해야 하는 일을 하기에 좋아.
나는 먼저 도서관 회원들이 신청한 희망도서를 살펴봐.
신문이나 잡지에 나온 책 소개를 꼼꼼히 읽고,
그동안 적어 둔 수서 수첩도 참고해.
찾는 사람이 많은 책은 몇 권을 더 사기도 하지.
참, 작년부터 새 책을 살 때는 큰 글씨 책도 주문하고 있어.
우리 도서관은 어르신 회원이 많아서 큰 글씨 책이 필요하거든.
조금씩 늘려서 3년 뒤에는 큰 글씨 책 서가를 만들고 싶어.

희망도서 신청
읽고 싶은 책이 도서관에 없다면 희망도서를 신청해 봐.
도서관은 회원들이 읽고 싶어 하는 책을 되도록 구해 놓으려고
하거든. 희망도서는 도서관 홈페이지에서 신청할 수 있어.
책이 오면 신청한 회원한테 가장 먼저 빌려줘.

시냇가도서관은 꼭 마을 사랑방 같아.
도서관 건물 2층에는 마을 식당이 있고,
3층에는 노인주간보호센터가 있거든.
장동호 할아버지는 몸이 불편한 할머니를
모시고 날마다 같은 시간에 도서관에 오셔.
낮 동안 할머니는 보호센터에 계시고
할아버지는 도서관에서 시간을 보내.
도서관을 한 바퀴 돌면서 책도 읽고 휴지도 줍고,
우리를 도와서 엉뚱한 데 꽂힌 책을
찾아내시기도 하지.

주간보호센터 박 선생님이 내려왔어.
새로 오신 할머니 고향이 평양이라,
고향을 떠올릴 수 있는 책을 보여 드리고 싶대.
음…… 어떤 책이 좋을까?
그래, 북녘 옛이야기가 담긴 책이 좋겠다!
그런데 할머니가 보시기엔 글씨가 너무 작은걸.
박 선생님한테 어르신 책 읽어 드리기
봉사 회원을 소개시켜 줘야겠어.
최 선생도 일주일에 한 번씩 책 읽기 봉사를 하는데
특히 할머니들한테 인기가 많지.

젊은 총각
목소리가 어쩜
이리 좋누.

어머나, 이 책이 딱 좋겠네요. 관장님은 어쩜 이렇게 책을 잘 골라 주세요?

북녘 옛이야기를 엮은 책이에요.

참고봉사 경력이 올해로 30년인걸요. 무엇이든 물어보세요.

참고봉사

이용자가 혼자 힘으로 찾기 어려운 자료를 함께 찾아 주는 서비스야. 책뿐만 아니라 영상 자료나 도움이 되는 인터넷 사이트를 알려 주기도 해. 도서관에서 궁금한 것이 있으면 언제든지 사서 선생님에게 물어봐. 어떤 책을 보면 답을 찾을 수 있는지 알려 줄 거야.

노인 한 사람이 죽는 것은 도서관 하나가 사라지는 것과
같다는 말을 들어 본 적 있니?
우리 도서관에서는 한 달에 한 번 '휴먼라이브러리' 모임을 해.
다른 사람의 소중한 지식과 경험을 함께 나누는 거야.

휴먼라이브러리
도서관에서 책을 빌려 읽듯이, '사람 책'을 직접 만나서
그 사람의 경험과 지식, 생생한 삶의 이야기를 들을 수 있어.
2000년 덴마크에서 시작되었어.

오늘의 '사람 책'은 우리 마을 토박이 농부 고영철 할아버지야.
할아버지는 농사라면 모르는 게 없어. 40년도 넘게 농사를 지었거든.
오늘은 옥상 텃밭에서 사람들에게 채소 모종 심는 법을 가르쳐 줄 거야.

다음 달 휴먼라이브러리 모임에서는
내가 사람 책을 맡기로 했어. 좋아하는 책 이야기랑
책으로 만난 사람들 이야기를 할 거야.
생각만 해도 가슴이 두근두근해.

맞아. 천국이 있다면
분명 도서관처럼 생겼을 거야.
나는 사서라서 행복해.
반납 날짜를 어기는 회원 때문에
가끔은 숨이 차지만.

 ## 사서 선생님, 궁금해요!

 **도서관은 언제부터 있었나요?**

도서관의 역사는 기원전 2350년경 메소포타미아 문명으로 거슬러 올라가요. 그때는 종이가 발명되기 전이라 진흙판에 글자를 새겼어요. 고대 도서관은 지금처럼 누구나 이용할 수 있는 곳이 아니었어요. 신전이나 왕실에 속해 있어서 왕과 귀족, 사제들만 드나들 수 있었지요. 지금과 같은 도서관이 생긴 지는 그리 오래되지 않았어요. 인쇄술이 발달하고 신분제도가 무너진 다음에야, 평범한 사람들도 책을 볼 수 있게 되었어요. 1848년에 미국 보스턴에서 세계 최초로 공공 도서관이 문을 열었어요. 누구나 공짜로 책을 볼 수 있었고 지금도 그렇지요.

 **세상에 도서관이 없으면 어떻게 될까요?**

도서관은 누구에게나 열려 있어요. 몇 권이든 마음껏 책을 읽을 수 있어요. 필요한 자료가 있을 때 빌려 볼 수도 있고요. 만약 세상에 도서관이 없어진다면 사람들은 모두 책을 사서 읽어야 할 거예요. 읽고 싶은 책이 있어도 책 살 돈이 없으면 읽을 수 없게 되는 거예요. 그리고 먼 훗날 사람들은 역사를 연구하기가 쉽지 않을 거예요. 도서관에는 지금 우리뿐 아니라, 다음 세대에게 남길 책과 정보들이 차곡차곡 쌓여 있으니까요.

 **어떤 어떤 도서관이 있는지 궁금해요.**

공공도서관은 누구나 이용할 수 있는 열린 도서관이에요. 마을이나 도시처럼 지역을 중심으로 운영하지요. 국가도서관은 나라에서 관리하는 도서관이에요. 우리나라에서 나오는 모든 책과 자료를 모아요. 초등학교, 중학교, 고등학교에는 학교도서관이 있어요. 음식, 만화, 게임처럼 한 분야에 관한 자료들만 모아 둔 전문도서관도 있고요. 그 밖에 시각장애인을 위한 점자도서관, 버스에 책을 싣고 다니는 이동도서관도 있지요.

 **전 궁금한 게 있으면 인터넷을 찾아봐요. 도서관이 왜 필요한지 잘 모르겠어요.**

인터넷은 찾는 것을 뚝딱 보여 주지요. 누구나 쉽게 정보를 올릴 수 있기 때문에 정확한 내용인지 잘 따져 보아야 해요. 책은 맞는 내용인지, 꼭 필요한 정보인지 작가와 편집자가 여러 번 확인하며 만들어요. 도서관 사서는 이용자에게 꼭 맞는 책을 찾아 주고요.

 **도서관에 책이 꽉 차면 어떻게 하지요?**

도서관에는 보존서고가 있어요. 책을 모아 두는 창고라고 생각하면 돼요. 귀한 책은 보존서고에 따로 두는데, 망가지거나 사람들이 오랫동안 보지 않는 책도 얼마간 보관해요. 더 이상 도서관에 두지 않아도 되겠다고 판단되는 책은 사람들에게 나눠 주어요. 책이 필요한 곳에 보내기도 하고요. 아주 많이 망가진 책은 폐지로 분류해 재활용하지요.

저는 책을 좋아해요. 사서가 될 수 있을까요?

사서는 '인연을 만드는 사람'이에요. 책과 책을 이어서 찾기 쉽게 하고, 책과 사람을 이어서 필요한 정보를 얻을 수 있게 하지요. 책과 사람, 도서관 가운데 하나라도 좋아한다면 충분히 사서가 될 수 있어요. 사서가 되기로 마음먹었다면 대학에서 문헌정보학을 공부하면 돼요.

작가의 말

모두가 행복한 도서관을 꿈꾸며

　나는 책을 좋아하는 아이가 아니었어. 집에 있는 책은 집짓기 놀이용 벽돌이나 인형 침대로 썼지. 엄마는 시를 엄청 좋아하셨는데, 나는 외울 수 있는 시가 하나도 없었어. 대신 트로트 가사는 많이 외웠어. 우리 집 텃밭 너머에 봉제 공장이 있었는데, 미싱사들이 일하는 시간에 라디오를 틀었거든. 나는 텃밭에서 잡초를 뽑거나 멍을 때리면서, 라디오에서 흘러나오는 노래를 따라 불렀지.

　엄마는 책 읽는 습관을 길러 주려고 애쓰셨어. 한번은 '앞부분을 재미있게 들려주면, 궁금해서 그 책을 읽지 않을까?' 하고, 책의 앞부분을 들려주셨대. 하지만 나는 여전히 먹고 노는 데 몰두해 있었지. 책은 들춰 보지도 않고. 할머니가 곶감을 만들려고 감 백 개를 깎아서 장독대에 널어놓으면, 어느 순간 반이 없어져 버렸대. "꽃피는 동백섬에 봄이 왔건만, 형제 떠난 부산항엔 갈매기만 슬피 우네." 이런 노래를 흥얼거리면서 내가 먹어 치운 거지. 엄마는 그런 내가 무척 걱정되셨나 봐. "너 그렇게 책을 안 읽고 커서 뭐가 될래!" 하고 소리를 지르셨던 걸 보면.

　'나는 커서 뭐가 될까?' 가끔 그런 생각을 한 것 같아. 뭐가 되든 재미나게 살고 싶었어. 돈 많이 버는 어른이 되는 게 꿈이었지. 책은 되도록 멀리하고 싶었어. 책을 좋아하는 사람들은 어두운 마음을 가지고 있는 것 같았어. 몸이 아프거나. 그런데 말이야, 나는 그만 어릴 적 꿈을 이루지 못했어. 중간에 시를 좋아하는 청소년이 되어 버렸거든. 그러다가 책을 엄청 좋아하는 청년이 되었고. 스물네 살 땐 몸이 아파서 직장을 그만두고 잠깐 병원에서 지내야 했어. 병원에서 나온 다음에도 힘든 일을 하기 어려웠고.

　나는 책을 읽고 글을 쓰면서 시간을 보냈어. 앉아 있기 힘들 땐 누워서 벽에다 종이를 대고 글을 썼지. 그리고 새로운 꿈을 꾸게 되었어. 작가로 사는 꿈.

　나는 이제 마흔두 살이야. 꿈이 이루어져서 작가로 살고 있지. 어렸을 때랑 꿈도 생각도 바뀌었어. 책을 좋아해서 어두운 마음이 생기고 몸이 아픈 게 아니더라고. 책을 좋아하기 때문에 마음이 어둡고 몸이 아파도 그럭저럭 잘 지낼 수 있는 거지. 책을 실컷 읽고 살 수 있다면, 돈이 많지 않아도 괜찮을 것 같아. 그림책 『도서관』의 주인공 엘리자베스 브라운처럼 늙을 수 있다면 참 좋겠어.

　'도서관이 없었다면 내가 작가가 될 수 있었을까?' 가끔 그런 생각을 해. 나는 도서관 덕에 작가가 되었어. 책을 사서 연필로 밑줄을 그으며 읽는 걸 좋아하지만, 필요한 걸 다 사기엔 돈이 부족했거든. 몸이 아파서 도서관까지 가기 힘들 땐, 우리 아파트 단지에 들어오는 이동도서관에서 책을 빌려 봤지. 문예창작학과에 다닐 땐, 대학도서관에서 책을 빌려 봤고. 글을 쓰는 데 필요한 자료는 국회도서관과 서울도서관에서 많이 찾았어.

　나는 도서관이 참 고마워. 하지만 사서가 얼마나 많은 일을 하는 전문가인지 잘 모르고 살았어. 도서관에서 초대하는 '작가와의 만남'에 다니기 전까진 말이야. 사서 선생님이 도서관에 와 달라고 보낸 메일을 읽어 보고 놀랐던 기억이 나. 어린이도서관에서 일하는 분이었는데, 그 도서관 주변 환경과 도서관을 이용하는 아이들의 특징을 파악하고 계셨어. 내가 낸 책 중에 어떤 책이 그 도서관 아이들에게 잘 맞을 것 같은지도 적혀 있었지.

　이 책을 준비하면서 여러 도서관에서 일하는 사서 선생님들을 많이 만났어. 초등학교에 근무하는 사서 선생님, 작은도서관을 혼자 이끌어 가는 관장님, 공공도서관에서 한 분야를 전문적으로 맡은 분, 도서관재단을 이끌어 가는 분, 더 많은 사람이 행복하게 도서관을 이용하는 세상을 꿈꾸는 시민 운동가까지. 그분들의 열정과 고민을 다 담아내지 못한 게 아쉬워.

　여주도서관에 취재를 갔을 때 만난, 도서관 창밖 남한강 풍경이 어른어른해. 딱 일 년 여주도서관 옆에 가서 살면서, 마음껏 책을 읽고 싶어. 여주도서관 어린이실엔 숨어서 책 보기 좋은 구석이 많더라고. 나처럼 통통한 아줌마도 기어 들어가서 책을 보다가 꾸벅꾸벅 졸기 딱 좋은, 행복한 구석구석!

글쓴이 유은실

글 유은실

어머니가 '이렇게 책을 안 읽고 커서 뭐가 될까?' 걱정하는 어린이였습니다.
어느 순간, 시를 좋아하는 청소년이 되었습니다. 그러다가 책을 엄청 좋아하는 어른이 되었고,
심지어 작가가 되었습니다. 그동안『나의 린드그렌 선생님』『멀쩡한 이유정』『나도 편식할 거야』
『나도 예민할 거야』『마지막 이벤트』등의 동화와 그림책『나의 독산동』『송아지똥』,
청소년 소설『변두리』『2미터 그리고 48시간』을 썼습니다.

그림 신민재

스파이가 될까 화가가 좋을까 늘 고민이었던 어린 시절, 책 보고 공상하기 좋은 도서관은 최고의
낙원이었답니다. 젊을 땐 영상 작업을 하다가 지금은 후야, 쫑이와 함께 어린이 그림책에 푹 빠져 살고 있습니다.
『애들아, 학교 가자!』『가을이네 장 담그기』『눈 다래끼 팔아요』『처음 가진 열쇠』『어미 개』
『가진 것이 많을수록 나눌 것은 적습니다』들에 그림을 그렸습니다.

감수 이수경(평택시립장당도서관 사서)

도와주신 곳 마포구립해오름작은도서관(김은천 관장), 여주도서관(김동헌 사서), 느티나무도서관(현나라 사서),
교하도서관(방인선 사서, 백송희 사서)

일과 사람 21 도서관 사서

우리 마을 도서관에 와 볼래?

2015년 10월 30일 1판 1쇄
2022년 3월 31일 1판 5쇄

ⓒ유은실, 신민재 2015

글 : 유은실 | 그림 : 신민재 | 편집 : 김진, 이지연, 이현주 | 디자인 : 권석연 | 제작 : 박흥기
마케팅 : 이병규, 이민정, 최다은 | 홍보 : 조민희, 강효원 | 출력 : 한국커뮤니케이션 | 인쇄 : 코리아 피앤피 | 제책 : 책다움
펴낸이 : 강맑실 | 펴낸곳 : (주)사계절출판사 | 등록 : 제406-2003-034호
주소 : (우)10881 경기도 파주시 회동길 252
전화 : 031)955-8588, 8558 | 전송 : 마케팅부 031)955-8595 편집부 031)955-8596
홈페이지 : www.sakyejul.net | 전자우편 : picturebook@sakyejul.com | 블로그 : blog.naver.com/skjmail
인스타그램 : sakyejul_picturebook | 페이스북 : facebook.com/sakyejulpicture | 트위터 : twitter.com/sakyejul

값은 뒤표지에 적혀 있습니다. 잘못 만든 책은 구입하신 서점에서 바꾸어 드립니다.
사계절출판사는 성장의 의미를 생각합니다. 사계절출판사는 독자 여러분의 의견에 늘 귀 기울이고 있습니다.

ISBN 978-89-5828-912-8 74370 ISBN 978-89-5828-463-5 74370(세트)